Das Kinderbuch zum Gottesdienst

Für Wilhelm Harprath
(1917 - 2008)

Das Kinderbuch zum Gottesdienst

Gerda und Ulrich Harprath

Verlag Sankt Michaelsbund

Wir danken:
Professor Markus Eham
für die Beratung,
Pfarrer Johannes Baptist Oberbauer
und Pfarrer Johannes Schaufler
für ihre Mithilfe!

Inhalt

GOTTESDIENST –
WAS HEISST DAS EIGENTLICH?

Am Anfang machen wir eine Reise. Sie führt uns ganz weit in die Vergangenheit und in ferne Länder: in das Land, das heute Israel heißt, und nach Ägypten. Vor mehreren tausend Jahren waren die Israeliten in Gefangenschaft. Das ganze Volk musste dem Pharao, dem König von Ägypten, beim Bau seiner Pyramiden helfen. Den Israeliten ging es dabei nicht gut. Sie stöhnten unter der Last der Gefangenschaft und wollten endlich frei sein.

Darum beteten sie zu Gott um Befreiung. Und Gott half ihnen, aus Ägypten und aus der Gefangenschaft

Wandmalerei in einem nachgebauten Tempel im Pharao-Dorf.

zu fliehen. Ganz eilig musste das geschehen. Hals über Kopf verließen sie ihre Hütten. Sie konnten nicht einmal richtiges Brot als Vorrat für ihre Flucht zubereiten, nur eilig aus Mehl und Wasser gebackene Brotfladen, sogenanntes ungesäuertes Brot.

Auf ihrem Fluchtweg in das neue Land, das Gott ihnen geben wollte, lag ein großes Meer, das Rote Meer. Leider hatten die Israeliten keine Schiffe.
Und darum ließ sich Gott etwas einfallen. Er teilte das Meer, so dass das Volk auf dem trockenen Meeres-

Ein ägyptischer Tempel.

grund gehen konnte, während rechts und links das Wasser wie eine Mauer stand. Natürlich schaute der Pharao dabei nicht einfach zu. Er verfolgte mit seinen Soldaten die Israeliten und zog ebenfalls durch das Meer. Als aber das Volk das andere Ufer erreicht hatte, floss das Meer plötzlich an seinen alten Platz zurück. Der Pharao und seine Soldaten konnten den Israeliten nicht mehr folgen.

Für ihre Rettung dankten die Israeliten Gott mit einem großen Fest: dem Paschafest (Sprich: Pas-cha). Woher genau dieser Name kommt, ist unbekannt. Das Fest wird bis zum heutigen Tag einmal im Jahr von den Israeliten, oder Juden, wie sie später genannt wurden, gefeiert, und zwar als ein Festmahl in der Familie oder mit Freunden.

Eine große Rolle spielt dabei ungesäuertes Brot als Erinnerung an die überstürzte Flucht.

Die symbolischen Speisen zum Pascha-Fest: Wein, Salzwasser, Mazzot (ungesäuertes Brot), Radieschen, ein Ei, Salat, ein Brei aus Äpfeln, Nüssen und Bananen und Meerrettich, sowie ein Knochen.

Das Gemälde „Das letzte Abendmahl" von Leonardo da Vinci.

Auch Jesus war ein Jude. Kurz vor seiner Kreuzigung war er in Jerusalem. Und da gerade Paschafest war, feierte er es zusammen mit seinen

„Dieses Brot ist mein Leib, der für euch hingegeben wird."

„Dies ist mein Blut, das für euch vergossen wird zur Vergebung der Sünden."

BROT UND WEIN

Brot: Fast überall in der Welt kennen die Menschen Brot. Es wird aus vielen kleinen Getreidekörnern gewonnen, die zu Mehl gemahlen und mit Wasser vermischt Brot ergeben. Auch unsere Kirche besteht aus vielen Menschen. Erst, wenn diese zusammenkommen, wird daraus die Gemeinde aller Gläubigen mit Jesus Christus als Mitte.

Wein: Auch hier müssen erst viele Trauben zusammenkommen, damit daraus Wein werden kann. Jesus hat sich oft als Weinstock bezeichnet und die Menschen als Reben. Wie der dicke Stamm (Rebstock) die vielen Trauben (Reben) trägt und ihnen Wasser und Nährstoffe gibt, so trägt Jesus Christus alle Menschen, die an ihn glauben. Erst durch den Weinstock können die Reben wachsen. Und so wird durch Jesus Christus aus allen Gläubigen eine Gemeinschaft, nämlich die Kirche.

Jüngern wie alle Juden. Aber er machte einen wichtigen Unterschied: Er nahm das Brot und sprach das traditionelle Dankgebet, doch dann sagte er: „Dieses Brot ist mein Leib, der für euch hingegeben wird." Und beim Wein sagte er: „Dies ist mein Blut, das für euch vergossen wird zur Vergebung der Sünden."

Brot als Leib und Wein als Blut? Das war etwas Neues. Wie hatte er das gemeint? Zu verstehen ist das nur, wenn wir dabei an den Tod von Jesus und an seine Auferstehung denken. Denn gleich nach dem Pascha-Mahl mit seinen Freunden wurde Jesus verhaftet, am nächsten Tag gekreuzigt und am dritten Tag von Gott wieder auferweckt. So bedeutet „hingegeben" und „für euch vergossen", dass Jesus etwas für uns alle getan hat. Aber was?

Jesus hat uns versprochen, dass er immer bei uns ist. Mit der Auferstehung hat er gezeigt, dass es tatsächlich so ist. Er hat es uns nicht nur gesagt, er hat es selber vorgemacht, indem er starb und schließlich wieder lebendig wurde und in den Himmel aufgefahren ist. Wie ein guter Freund ist er darum immer für uns da. Aber noch mehr: Er hat versprochen, dass auch wir einmal von den Toten auferweckt werden. Wir können ihm ganz vertrauen und brauchen uns vor nichts mehr zu fürchten, auch nicht vor dem Tod.

Was hat das aber mit der Heiligen Messe zu tun? Ganz einfach: So, wie damals Gott den Israeliten aus der Not geholfen hat, so hilft uns Jesus. Er befreit uns vom Tod. Und genau das feiern wir in jeder Heiligen Messe. Wie das Pascha-Mahl an die Rettung der Israeliten erinnert, so erinnert uns die Heilige Messe an das Abendmahl von Jesus und daran, was er für uns getan hat und was er uns versprochen hat. Und wenn wir Brot und Wein essen und trinken, dann verbinden wir uns ganz fest mit Jesus. Und wir können sicher sein, dass Jesus zu seinem Versprechen steht. Wie das genau geschieht, das ist ein

großes Geheimnis. So richtig verstehen werden wir es wohl erst, wenn wir einmal ganz bei ihm sein werden. Aber wir können darauf vertrauen, dass es so ist. Denn Gott selbst hat es uns schließlich versprochen.

Bild oben und links: Ministranten (Messdiener) helfen im Gottesdienst.

FÜR DEN GOTTESDIENST GIBT ES VERSCHIEDENE BEGRIFFE. WAS IST WAS?

GOTTESDIENST

Gottesdienst ist immer dann, wenn Menschen miteinander in einer bestimmten, festgelegten Form beten. Neben der Heiligen Messe bezeichnet man auch eine Taufe, eine Beerdigung, eine Bußandacht, eine Prozession, einen Rosenkranz oder eine ökumenische Feier (gemeinsam mit Christen anderer Konfessionen wie zum Beispiel evangelischen Christen) als Gottesdienst.

Wichtig ist, dass wir dabei im Namen von Jesus versammelt sind und das feiern, was Gott durch Jesus für uns getan hat. Es geht also nicht darum, dass wir Gott dienen, sondern umgekehrt: Wir feiern, dass Gott uns ein Geschenk macht.

Pfarrer und Kommunionhelfer teilen die Kommunion an die Gemeinde aus.

ABENDMAHL

Die Feier von Jesus mit seinen Jüngern, als er erstmals Brot und Leib als sein Fleisch und sein Blut bezeichnete, fand an einem Abend statt. Und weil es das letzte Mahl vor seinem Tod war, wird es auch Letztes Abendmahl genannt. Darum bezeichnet man die Eucharistie auch als „Abendmahl". Vor allem die evangelischen Christen nennen diese Feier so.

KOMMUNION

Gemeint ist der Teil der Messe, bei dem gemeinsam vom Brot gegessen und aus dem Kelch getrunken wird. Communio ist lateinisch und bedeutet: Gemeinschaft – Gemeinschaft mit Christus und Gemeinschaft der Gläubigen untereinander. Denn wer zur Kommunion geht, erhält damit den Auftrag, zu den anderen Menschen so zu sein, wie es Jesus zu uns war. Und er soll in der Gemeinschaft (= Communio) mit allen Menschen leben.

Heilige Messe

Damit ist jeder Gottesdienst gemeint, in dem das Abendmahl von Jesus mit seinen Jüngern nachgefeiert wird und bei dem das geweihte Brot gegessen und der geweihte Wein getrunken wird. Bei den evangelischen Christen heißt dieser Gottesdienst Abendmahlfeier.

Messe kommt von „Missa" und ist das Schlusswort aus dem lateinischen Gottesdienst. „Ite missa est" bedeutet: Geht, es ist beendet. Allerdings geht es dann erst richtig los für uns: denn jeder, der die Messe mitgefeiert hat, ist aufgefordert, nach dem Vorbild von Jesus zu den Menschen zu gehen und unter ihnen zu leben.

Eucharistie

Damit ist der zweite Hauptteil der Messe gemeint. Eucharistie ist griechisch und heißt: Danksagung. Auch heute noch sagen die Griechen, wenn sie sich für etwas bedanken: Evcharisto. Mit Eucharistie ist die Dankfeier gemeint, die Christen feiern, weil Jesus für sie gestorben und auferstanden ist.

Überall auf der Welt feiert man gemeinsam die Heilige Messe.

Amt oder Hochamt

Dieser Begriff wurde früher für die besonders feierliche Form der Messe verwendet. Amt ist die deutsche Übersetzung für das lateinische Wort „Officium". Es bedeutet: Dienst.

Die Kirche leistet einen Dienst für alle Menschen, wenn sie die Heilige Messe feiert. In England und Amerika sagt man für den Gottesdienst „Service", also ebenfalls Dienst.

DER ABLAUF
DES GOTTESDIENSTES

Natürlich kann man Messen zu unterschiedlichen Anlässen (zum Beispiel Hochzeit, Weihnachten, Totenmesse) auch unterschiedlich feiern. Aber wie ein Gottesdienst abläuft, das ist nicht zufällig. Gebete und Lieder folgen einer Ordnung, die Jahrhunderte alt ist. Eine Messe besteht immer aus zwei Hauptteilen, dem Wortgottesdienst (Erster Teil) und der Eucharistiefeier (Zweiter Teil). Sie beginnt mit dem Eröffnungsteil:

Die kleinen Männchen zeigen dir, wann man während der Messe steht, sitzt oder kniet.

Ein Glockenzug am Eingang von der Sakristei in die Kirche. (Sakristei = Nebenraum, in dem für den Gottesdienst wichtige Gegenstände aufbewahrt werden.)

ERÖFFNUNG

 *Einzug*

Damit die Gemeinde weiß, dass die Messe beginnt, wird eine Glocke neben der Sakristeitüre geläutet. Dann ziehen der Priester, der Lektor (Vorleser für die Lesung und die Fürbitten) und die Ministranten (Messdiener) in die Kirche ein. Bei feierlichen Anlässen geht ein Ministrant voran, der ein großes Kreuz trägt. Dann folgen weitere Ministranten, auch einige, die Leuchter mit Kerzen tragen. Den Abschluss macht der Oberministrant. Jetzt folgt der Lektor beziehungsweise der Kommunionhelfer und ganz zum Schluss der Priester. Nach dem Einzug geht jeder zu seinem Platz, einem Stuhl oder einer Bank im Altarraum.

Rechtes Bild: Ministranten in feierlichen Gewändern.

Nur der Priester geht zum Altar und küsst das Altartuch mit einer tiefen Verbeugung, bevor auch er zu seinem Platz geht.

Begrüßung; Herr, erbarme dich

Alle machen ein Kreuzzeichen, dann begrüßt der Priester die Gemeinde mit einem besonderen Gruß:

Priester: Der Herr sei mit euch!
Alle: Und mit deinem Geiste!

Oft schließen sich dann persönliche Worte des Priesters an. Schließlich ruft er dazu auf, die Sünden, die in der Zeit seit dem letzten Gottesdienstbesuch begangen wurden, zu bereuen. Denn wer die Kommunion empfangen will, soll keinen Hass und keine bösen Gedanken haben. Danach wird die Bitte um Sündenvergebung gesprochen.

Dann folgt der Kyrie-Ruf, eine Anrufung an Jesus Christus, den Auferstandenen:

> *Herr, erbarme dich!*
> *Christus, erbarme dich!*
> *Herr, erbarme dich!*

 ## Gloria und Tagesgebet

Nach dem Schuldbekenntnis folgt das Gloria. Das ist lateinisch und heißt übersetzt: Ehre oder Lobpreis. Dazu wird meistens ein passendes Lied gesungen, das von der Orgel begleitet wird.

Nach dem Gesang spricht der Priester laut das Tagesgebet. Das bezieht sich immer auf den jeweiligen Tag (zum Beispiel auf einen Festtag wie Weihnachten oder Ostern).
Mit diesem Gebet fasst der Priester zusammen, was die Gläubigen vorher, jeder still für sich, gebetet und überdacht haben.

Der Lektor, meist ein Gemeindemitglied, liest die Lesung.

1. HAUPTTEIL: WORTGOTTESDIENST

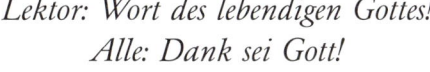 ## Lesungen

Gläubige und Priester setzen sich und der Lektor bzw. die Lektorin geht zum Ambo, dem Lesepult neben dem Altar. Aus dem Lektionar, einem Buch für Lesungen (von lateinisch „legere" für „lesen"), trägt er die Lesung vor. An Sonntagen und Festtagen können es auch zwei Lesungen sein, eine aus dem Alten und eine aus dem Neuen Testament.
Der Lektor schließt mit einem Ruf, auf den alle antworten:

> *Lektor: Wort des lebendigen Gottes!*
> *Alle: Dank sei Gott!*

Ein aufgeschlagenes Messbuch.

Der Priester liest das Evangelium.

mit euch!" Und alle antworten: „Und mit deinem Geiste". Dann sagt er: „Aus dem heiligen Evangelium nach ..." Es folgt der Name des Evangelisten, aus dessen Buch an diesem Tag vorgelesen wird. Die Gemeinde antwortet: „Ehre sei dir, o Herr!" Bei diesen Worten machen die Gläubigen drei kleine Kreuze: eines auf die Stirn, eines auf den Mund und eines auf die Brust. Das bedeutet: Ich will das, was ich nun höre, mit meinem Verstand aufnehmen (Stirn), mit meinem Mund weitererzählen (Mund) und in meinem Herzen bewahren (Brust).

 Halleluja und Evangelium

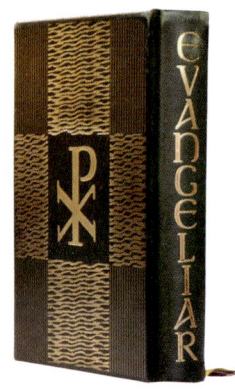

Ein Evangeliar in kostbarer Ausstattung.

Nach den Lesungen folgt ein besonderer Gesang: das Halleluja. Das ist hebräisch und bedeutet übersetzt: „Lasst uns Gott loben!". Dieser Jubelruf soll auf das einstimmen, was nun folgt: das Evangelium.

Das Wort Evangelium kommt aus dem Griechischen und heißt: „Gute Botschaft". Gemeint sind die vier Bücher, die über das Leben von Jesus erzählen, geschrieben von vier Männern (Matthäus, Markus, Lukas und Johannes), die deshalb Evangelisten genannt werden. Weil diese Erzählungen für unseren Glauben so wichtig sind, werden sie besonders feierlich vorgetragen. Für das Evangelium gibt es auch ein eigenes Buch, das Evangeliar. Es wird in einer kleinen Prozession vom Priester und den Leuchterträgern zum Ambo getragen. Hier ruft der Priester nun: „Der Herr sei

Rechtes Bild: Ein Priester aus Afrika trägt das Evangelium vor.

14

Jetzt liest der Priester das Evangelium vor. Am Ende singt oder ruft er nochmals zur Bestätigung, worauf die Gläubigen antworten.

Predigt

Na ja, für Kinder gehört die Predigt nicht zu den spannendsten Augenblicken des Gottesdienstes. Wenn der Priester nicht gerade eine Predigt besonders für Kinder hält, darf man ruhig ein wenig verschnaufen. Auf keinen Fall sollte man aber: einschlafen, ratschen, Gameboy spielen oder laut gähnen. Ansonsten gilt: Einfach aushalten, denn ein Pfarrer sollte über alles predigen, nur nicht über zehn Minuten.

Glaubensbekenntnis und Fürbitten

Nach der Predigt stehen die Gläubigen auf und sprechen miteinander das Glaubensbekenntnis. Dies ist eigentlich kein Gebet, sondern eine Bestätigung jedes Einzelnen, dass er an Gott, Jesus Christus und den Heiligen Geist glaubt:

Dann kommen die Fürbitten. Das sind Bitten der Gläubigen, zum Beispiel um gutes Wetter für die Bauern, um Hilfe bei Arbeitslosigkeit oder für einen Menschen, der kurz zuvor gestorben ist. Auf jede Fürbitte, die der Lektor oder die Lektorin, manchmal auch einfach ein Mann oder eine Frau aus der Gemeinde, vorträgt, antworten die Gläubigen: „Wir bitten dich, erhöre uns!" Oder sie singen einen Bittruf aus dem Gotteslob.

In alten Kirchen findet man sehr häufig eine Kanzel; von hier aus wurde früher die Predigt gehalten.

In vielen Kirchen wird die Kanzel nicht mehr benutzt, sondern der Ambo am Rand des Chorraums.

15

Bild oben rechts: Wasser und Wein für die Gabenbereitung.

Gabenbereitung und Gabengebet

Während die Gemeinde singt oder der Musik von Orgel oder Chor zuhört, bringen die Ministranten Kelch und Hostienschale zum Altar. Gleichzeitig geben andere Ministranten die Sammelkörbchen ("Klingelbeutel") durch die Bankreihen. Die Gläubigen werfen Geld hinein, das für einen sinnvollen Zweck gesammelt wird, etwa für Menschen in Not, aber auch für dringende Aufgaben in der Pfarrgemeinde.

Der Priester nimmt den Kelch und füllt Wein und etwas Wasser hinein. Das Mischen des Weines mit Wasser ist ein Zeichen für die göttliche und menschliche Natur, die sich in Christus verbindet.

Dann wäscht sich der Priester die Hände, aber nicht richtig mit Seife am Waschbecken, sondern symbo-

Klingelbeutel

Der Ministrant reicht dem Priester das Wasser.

lisch. Er soll für die nun folgende, wichtige Handlung rein sein, äußerlich und innerlich. Dazu gießt ihm der Ministrant etwas Wasser über die Finger. Schließlich liest der Priester aus dem Messbuch das Gebet zur Gabenbereitung vor.

Hochgebet

"Der Herr sei mit euch!" ruft nun der Priester, und die Gläubigen sagen: "und mit deinem Geiste." Danach ruft wieder der Priester: "Erhebet die Herzen!" Und die Gemeinde antwortet: "Wir haben sie beim Herrn!" Mit diesem Wortwechsel beginnt das Hochgebet. Es heißt so, weil es das wichtigste Gebet der Messe ist. Zunächst liest der Priester aus dem Messbuch, das vor ihm auf dem Altar liegt, ein Gebet vor. Es soll auf das einstimmen, was gleich geschieht, nämlich die Erinnerung an das Abendmahl von Jesus mit seinen Aposteln. Doch vorher kommt noch ein feierlicher Gesang, das "Heilig, heilig, heilig". Das ist ein alter Lobgesang, den es schon im Alten Testament, also vor der Geburt von Jesus, gab. Dazu passen viele Lieder im Gotteslob oder in den Büchern für Kindergottesdienste (vgl. Kapitel "Musik im Gottesdienst").

Priester: Der Herr sei mit euch!
Alle: Und mit deinem Geiste!
Priester: Erhebet die Herzen!
Alle: Wir haben sie beim Herrn!
Priester: Lasset uns danken
dem Herrn, unserm Gott!
Alle: Das ist würdig und recht!

Nun folgt der Teil des Gottesdienstes, in dem ganz besonders an das Abendmahl von Jesus mit seinen Jüngern erinnert wird.

Dieses Abendmahl wird sogar richtig nachgefeiert, indem der Priester die Worte spricht, die Jesus damals gesprochen hat: „Dies ist mein Leib, der für euch hingegeben wird" und „Dies ist mein Blut, das für euch vergossen wird".

Dazu hebt er zuerst die Hostienbrote und dann den Kelch mit dem Wein in die Höhe. Die Gläubigen knien dabei.

„Dies ist mein Blut, das für euch und für alle vergossen wird".

Dieser Teil der Messe ist besonders wichtig. Er erinnert an das, was für unseren Glauben ganz entscheidend ist: Jesus schenkt uns diese Feier, denn damit verspricht er uns seine Freundschaft und Hilfe, auch über den Tod hinaus. Und weil das letztlich ein großes Geheimnis ist, das man nicht erklären kann, ruft der Priester an dieser Stelle: „Geheimnis des Glaubens!"

Und die Gläubigen antworten, indem sie an das große Geschenk von Jesus erinnern:

Beim Anheben der Hostie und des Kelches klingeln zwei Ministranten mit den Altarschellen.

Priester: Geheimnis des Glaubens!
Alle: Deinen Tod, o Herr, verkünden wir,
und deine Auferstehung preisen wir,
bis du kommst in Herrlichkeit!

Danach folgt wieder ein längeres Gebet des Priesters. Es soll zum einen daran erinnern, was Jesus für uns getan hat. Und es soll uns daran erinnern, was er uns versprochen hat, nämlich dass er immer für uns da ist und auch wir einmal nach dem Tod wieder lebendig werden.

Bild unten links: „Dies ist mein Leib, der für euch hingegeben wird".

Die Heilige Messe wird überall in gleicher Weise gefeiert.

Das Gebet, das der Priester spricht, enthält auch Bitten, zum Beispiel für den Papst, den jeweiligen Bischof, für alle, die ihren Dienst in der Kirche tun und für alle Menschen. Damit wird gezeigt, dass wir alle eine Gemeinschaft sind und Gott niemanden ausschließt. Und es werden die Heiligen angerufen, angefangen von Maria über die Engel bis hin zum Namenspatron der Pfarrkirche. Denn wir leben nicht nur in der Gemeinschaft mit anderen Menschen, sondern auch mit allen, die einmal gelebt haben, auch mit den heiligen Männern und Frauen. Damit ist das Hochgebet beendet. Zum Abschluss stimmt der Priester einen Lobpreis an Gott Vater, Jesus Christus und den Heiligen Geist an. Hierzu hebt er Kelch und Hostienschale noch einmal in die Höhe. Die Gemeinde antwortet mit einem feierlichen: Amen!

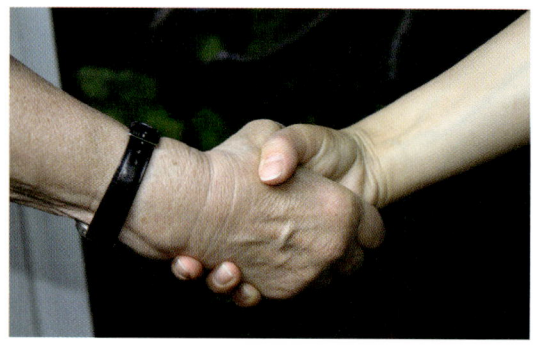

Zwei Gemeindemitglieder reichen sich die Hände zum Friedensgruß.

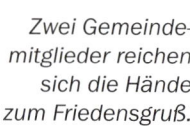 *Vaterunser und Friedensgruß*

Alle Gläubigen sprechen oder singen nun das „Vaterunser":

> *Vater unser im Himmel,*
> *geheiligt werde dein Name.*
> *Dein Reich komme.*
> *Dein Wille geschehe, wie*
> *im Himmel so auf Erden.*
> *Unser tägliches Brot gib uns heute.*
> *Und vergib uns unsere Schuld, wie auch*
> *wir vergeben unsern Schuldigern.*
> *Und führe uns nicht in Versuchung,*
> *sondern erlöse uns von dem Bösen.*
> *Denn dein ist das Reich und die Kraft*
> *und die Herrlichkeit in Ewigkeit.*
> *Amen.*

Danach folgt der Friedensgruß. Denn wer zur Kommunion möchte, sollte sich mit seinen Mitmenschen aussöhnen. Deshalb geben sich nun die Gläubigen die Hand und wünschen sich Frieden.

> *Priester: Der Friede des Herrn*
> *sei allezeit mit euch!*
> *Alle: Und mit deinem Geiste!*
> *Priester: Gebt einander ein Zeichen*
> *des Friedens und der Versöhnung!*

 *Lamm Gottes*

Noch einmal wenden sich die Gläubigen in einem alten Gebet an Christus:

> *Lamm Gottes, du nimmst hinweg*
> *die Sünde der Welt: erbarme dich unser!*
> *Lamm Gottes, du nimmst hinweg*

die Sünde der Welt: erbarme dich unser!
Lamm Gottes, du nimmst hinweg die
Sünde der Welt: gib uns deinen Frieden!

Nun lädt der Priester zur Kommunion ein, indem er allen Gläubigen die Hostie zeigt. Gleichzeitig weist er die Gläubigen darauf hin, dass dies jetzt Jesus Christus ist, das Lamm Gottes. Denn zu der Zeit, als Jesus lebte, hatten die Menschen viele Lämmer und Schafe, die sie geschlachtet und gegessen haben. Da Jesus gekreuzigt wurde, wird er in der Bibel mit einem Lamm verglichen, das geschlachtet wird, obwohl es unschuldig ist.

Priester: Seht das Lamm Gottes,
das hinwegnimmt die Sünde der Welt!
Alle: Herr, ich bin nicht würdig, dass du eingehst unter mein Dach, aber sprich nur ein Wort, so wird meine Seele gesund!

 ## Kommunion

Die Gläubigen empfangen jetzt die Kommunion, zuerst die Helfer am Altar und die Ministranten, dann alle Gläubigen, die dazu aus der Kirchenbank nach vorne gehen, wo sie der Priester oder Kommunionhelfer erwartet. Wenn er die geweihte Hostie austeilt, sagt er: „Der Leib Christi", und der Gläubige antwortet: „Amen!" Jeder, der die Kommunion empfangen hat, bleibt nach der Rückkehr in die Bank noch eine Weile still knien oder stehen, bevor er sich hinsetzt. Dazu spielt die Orgel ein ruhiges Stück oder es wird ein Lied gesungen.

 ## Schlussgebet und Segen

Der Priester geht nach der Kommunion zum Altar zurück und reinigt den Kelch und die anderen Geräte. Die geweihten Hostien, die übrig geblieben sind, werden im Tabernakel (siehe Seite 35) verschlossen, der Kelch mit Wasser ausgespült und getrocknet.

Dann trägt der Priester aus dem Messbuch das Schlussgebet vor. Meist spricht er noch ein paar Worte zu den Gläubigen. Zum Beispiel weist er darauf hin, was in der nächsten Woche in der Pfarrei stattfindet. Schließlich folgt der Segen. Bei großen Gottesdiensten ist er ein wenig länger, in der Erntezeit auf dem Land gibt es auch einen speziellen Wettersegen, also ein Gebet für gutes Wetter.

Priester: Der Herr sei mit euch!
Alle: Und mit deinem Geiste!
Priester: Es segne euch der allmächtige Gott, der Vater und der Sohn und der Heilige Geist!
Alle: Amen!

Priester: Gehet hin in Frieden!
Alle: Dank sei Gott, dem Herrn!

Damit ist der Gottesdienst beendet. Allerdings sollte man nun nicht gleich aus der Bank rennen, sondern erst, wenn Priester und Ministranten den Kirchenraum verlassen haben. Soviel Höflichkeit muss sein!

Nach der Kommunion hilft der Ministrant dem Priester beim Aufräumen der Messgeräte.

Der Priester spricht das Schlussgebet und gibt der Gemeinde den Segen mit auf den Weg.

19

Bild oben rechts: Eine ehrwürdige Bibliothek; im Vordergrund ist ein altes Messbuch aufgeschlagen.

AUF UND NIEDER:
DIE HALTUNGEN IM GOTTESDIENST

Stehen, knien, sitzen und wieder stehen – manchmal wirkt das schon ein wenig wie Turnunterricht, vor allem, wenn man den Ablauf einer Messe nicht so genau kennt. Aber jede Bewegung und jede Körperhaltung hat einen Sinn:

Im Sitzen kann man sich entspannen und zum Nachdenken kommen. Auf ihren Kirchenbänken sitzen die Gläubigen, wenn sie das Wort Gottes aus der Bibel hören oder der Predigt zuhören oder wenn zwischen zwei Teilen eines Gottesdienstes eine kleine Pause ist und dabei ein Lied gesungen wird.

Stehen bedeutet aufmerksam sein und Respekt zeigen. Darum stehen etwa die Zuschauer im Fußballstadion auf, wenn die Nationalhymnen erklingen. Auch zur Begrüßung steht man auf. Im Gottesdienst tut man dies bei besonders wichtigen Texten (Evangelium, Glaubensbekenntnis) oder bei Bittgebeten (Fürbitten, Segen).

Knien ist eine ganz besondere Form der Verehrung. Früher knieten die Menschen vor dem König oder Kaiser. Und es ist noch gar nicht so lange her, dass die jungen Mädchen zur Begrüßung eines Erwachsenen einen Knicks, also eine kleine Kniebeuge, gemacht haben. Heute wird nur noch im Gottesdienst gekniet. Dazu gibt es extra Kniebänke, die das Knien ein bisschen bequemer machen. Denn der Sinn der Kniebeuge sind nicht Rückenschmerzen und wunde Knie. Darum wird auch nur an besonders wichtigen Stellen des Gottesdienstes gekniet, bei der Wandlung etwa oder nach der Kommunion.

Andere Länder – andere Sitten: Ein besonderer Ausdruck des Jubels!

DIE SPRACHEN IM GOTTESDIENST

Welche Sprache hat eigentlich Jesus gesprochen? Weder Lateinisch noch Griechisch, sondern Aramäisch, eine Art hebräischen Dialekt, der vermutlich so ähnlich geklungen hat wie heute die Menschen in Israel sprechen. Trotzdem wurden die Erzählungen über das Leben von Jesus, die Evangelien, nicht auf Aramäisch, sondern in Griechisch geschrieben. Denn sie waren zunächst für diejenigen Menschen gedacht, die in den ersten christlichen Gemeinden lebten. Und dort sprach man überwiegend Griechisch.

Doch schon bald änderte sich das. Fast die ganze Welt gehörte damals zum Römischen Reich. Und dort sprach man, zumindest im Alltag auf der Straße, Lateinisch. So wurde in der westlichen Hälfte des Weltreiches, also im heutigen Italien, Frankreich, Deutschland und England Lateinisch gesprochen, im Osten aber, also in Griechenland, der heutigen Türkei und auf dem Balkan, Griechisch. Darum sind die Gottesdienste in den ersten Jahrhunderten entweder in Latein oder in Griechisch abgehalten worden.

So blieb es viele Jahrhunderte. Im Osten gab es bald den Gottesdienst in vielen weiteren Sprachen, in Russisch, Altägyptisch (Koptisch), Georgisch, Rumänisch. Im Westen allerdings blieb Latein die einzige Gottesdienstsprache. Auch unsere Großeltern kannten die Messe zunächst nur auf Lateinisch.

Das hatte Vor- und Nachteile. In allen katholischen Kirchen der ganzen Welt konnte man den Gottesdienst mitfeiern, denn es gab nur eine Sprache. Aber der Nachteil war: Die Menschen verstanden die Texte oft nicht. Die Antworten wurden meist nur von den Ministranten gesprochen oder vom Chor gesungen.

Erst ab 1965 änderte sich das: Eine große Versammlung aller Bischöfe auf der Welt entschied zusammen mit dem Papst, dass die Gottesdienste in der jeweiligen Landessprache gehalten werden dürfen. Seitdem gibt es Messen auf Deutsch, Englisch, Italienisch, Polnisch, Dänisch, Chinesisch und sogar Kisuaheli, einer afrikanischen Sprache. Auch Messen in Dialekten gibt es, etwa in Kölnisch oder auf Bayerisch.

Es ist schön, dass nun jeder Gläubige im Gottesdienst die Texte versteht und mitbeten kann. Und wenn man mit Menschen aus vielen Ländern zusammen ist, etwa bei Messen mit dem Papst oder beim Weltjugendtag, kann man ja die Messe gemeinsam auf Lateinisch sprechen.

Doch auch in der Messe auf Deutsch oder in den verschiedenen Sprachen der Welt hören wir immer noch etwas vom Klang der Gottesdienste, wie sie die ersten Christen gefeiert haben: dem „Amen" (Aramäisch), dem Kyrie eleison (Griechisch) oder dem Gloria (Lateinisch). Und wenn du bei der Messe gut mitbetest, kannst du behaupten: ich kann Griechisch, Lateinisch und sogar Aramäisch!

ÜBRIGENS:

Was heißt eigentlich „Amen"? Es heißt soviel wie: So sei es, so geschehe es. Damit bestätigen wir das, was wir vorher in einem Gebet gesprochen haben. Man kann auch sagen: „Amen – ja, ich glaube daran!"

Die Darstellung des Fisches war das häufigste christliche Symbol in der Zeit der Christenverfolgung. Die hier dargestellten Fische befinden sich an einer Wand der modernen Kirche St. Christophorus Himmelkron (Bayern).

WEISST DU, WAS DAS HEISSEN KÖNNTE?

Pater noster, qui es in caelis:
sanctificetur nomen tuum;
adveniat regnum tuum;
fiat voluntas tua,
sicut in caelo et in terra.
Panem nostrum cotidianum da
nobis hodie;
et dimitte nobis debita nostra, sicut et
nos dimittimus debitoribus nostris;
et ne nos inducas in tentationem;
sed libera nos a malo.

Quia tuum est regnum, et potestas,
et gloria in saecula. Amen!

(Das Vaterunser auf Lateinisch)

•

Und das hier?

Κύριε ἐλέησον
Χριστὲ ἐλέησον

Kyrie eleison (Herr, erbarme dich)
Christe eleison (Christus, erbarme dich)

Bild unten links:
Dies ist das griechische Wort für „Fisch".

DIE PERSONEN IM GOTTESDIENST

Besondere Arbeitsge-biete eines Priesters: Neben den bekannten Arbeitsstellen für einen Priester/Pfarrer gibt es noch einige außergewöhnliche Ein-satzorte, an denen ein Pfarrer arbeiten kann: als Krankenhauspfarrer, Militärpfarrer, Gefäng-nispfarrer, Zirkuspfarrer, Studentenpfarrer.

Der Priester im Gespräch mit einem Gefangenen.

Der Priester bei der Eucharistiefeier.

Priester/Pfarrer: Viele Kinder wissen schon früh, was sie einmal werden wollen. Tierärztin oder Architekt, Meeresforscher oder Kindergärtnerin sind besonders beliebt. Aber kaum einer weiß, dass auch Pfarrer ein Beruf ist.

Der Pfarrer ist für eine Pfarrgemeinde verantwortlich. Er kümmert sich um seine Gemeindemitglieder, sorgt zum Beispiel im Kindergarten dafür, dass genügend Angestellte für die Kinder da sind. Auch für das Kirchengebäude ist er zuständig und muss auch mal Handwerker bestellen, die das Kirchdach reparieren. Die Hauptaufgabe eines Pfarrers aber, die jeder kennt, ist die Leitung des Got-tesdienstes. Er ist dafür zuständig, dass der Gottesdienst den richtigen Verlauf nimmt und nichts durchein-ander gerät. Dabei tritt der Pfarrer nicht nur als Aufpasser oder Verwal-ter auf wie in anderen Bereichen seines Berufes. Hier ist er der Priester, der vom Bischof dazu geweiht wur-de, die Messe mit den Menschen zu feiern.

Im Alltag sieht man viele Pfarrer in ganz normaler Kleidung, wie sie alle Erwachsenen tragen. Für den Gottesdienst aber gibt es eine ganz bestimmte Kleiderordnung, damit deutlich wird: Hier findet nichts All-tägliches statt. Deshalb sind die Ma-terialien, aus denen die liturgischen Gewänder bestehen, sehr wertvoll. Die kostbaren Stickereien werden mit der Hand angefertigt.

Das Gewand des Priesters

In der Bildreihe erkennst du die verschiedenen Teile, aus denen das Gewand des Priesters besteht:

1

Der Priester im Alltagsgewand.

2

Schultertuch:
Der Priester legt sich ein weißes Tuch um die Schultern und bindet es um den Körper fest.

3

Albe:
Das weiße Untergewand reicht bis zu den Knöcheln und erinnert an das Taufkleid.

4

Zingulum:
Um die Albe in Form zu halten, braucht man das Zingulum, einen Gürtel, der aussieht wie eine Kordel.

5

Stola:
Der lange Schal ist das Erkennungszeichen für einen Priester.

6

Kasel:
Das ärmellose Obergewand ist meist reich verziert mit Stickereien. Die Farbe zeigt den Anlass der Messfeier.

LITURGISCHE FARBEN

Die Farbe der Priester- oder Ministrantengewänder und der Altartücher wechselt.
Das hängt mit dem jeweiligen Fest im Kirchenjahr zusammen. So soll die ausgewählte Farbe
die Bedeutung der Feier unterstreichen. Wer die liturgischen Farben und ihre Symbolik kennt, kann
ganz schnell sagen, welches Fest gerade gefeiert wird.

BEDEUTUNG

„Eine weiße Weste" zu haben, bedeutet: ich bin unschuldig, ich habe keine Sünde begangen. Weiß ist die Farbe der Reinheit und des Lichtes.

FESTE, FEIERN UND BESTIMMTE ZEITEN

Ostern und Weihnachten sind Feste, an denen Jesus den Menschen gezeigt hat, dass er das Licht ist. Er ist unschuldig und rein. Weiße liturgische Gewänder werden z. B. bei Taufen und bei Hochzeiten getragen.

BEDEUTUNG

„Rot wie Blut": Menschen haben für ihren Glauben ihr Leben, ihr Blut, gegeben. Die Glut des Feuers ist rot. Rot ist die Farbes des Blutes und des Feuers.

FESTE, FEIERN UND BESTIMMTE ZEITEN

Am Karfreitag wird daran erinnert, dass Jesus sein Blut für uns vergossen hat. Auch viele Heilige haben ihr Leben für den Glauben geopfert. (Märtyrerfeste, z. B.: Hl. Stephanus 26. 12.) Am Pfingstfest kam das Feuer des Heiligen Geistes auf die Apostel herab. Bei der Firmung trägt der Bischof rot.

BEDEUTUNG

Violett ist die Farbe der Umkehr und der Buße

FESTE, FEIERN UND BESTIMMTE ZEITEN

In der Advents- und der Fastenzeit erinnert uns die violette Farbe daran, dass wir unseren Glauben überdenken und zu Jesus umkehren sollen. Auch bei Beerdigungen sind die Gewänder violett.

BEDEUTUNG

„Grün ist die Hoffnung" und grün ist, was um uns herum wächst und gedeiht. Grün ist die Farbe der Hoffnung und des Lebens.

FESTE, FEIERN UND BESTIMMTE ZEITEN

An allen normalen Sonntagen im Kirchenjahr und an Werktagen sollen wir durch unseren Glauben Hoffnung schöpfen.

Jede Gemeinde feiert im Herbst, gegen Ende des Kirchenjahres, das Erntedankfest.

KIRCHENJAHR

Für Christen gibt es neben dem Kalenderjahr noch das Kirchenjahr. Es beginnt mit dem ersten Adventssonntag und endet mit dem Christkönigsfest im November. Neben den Festen Weihnachten und Ostern stehen die Sonntage und besondere Feste, wie die Gedenktage an Heilige, im Mittelpunkt des Jahreskreises.

Eine Lektorin liest während der Messe die Lesung und die Fürbitten.

Bild unten rechts: Ministranten in ihren Kutten.

Lektor: Lektor ist ein lateinisches Wort und bedeutet: (Vor-)Leser. Der Lektor trägt die Lesungen und die Fürbitten vor. Jede erwachsene Frau und jeder Mann aus der Gemeinde kann diese Aufgabe übernehmen. Natürlich sollte der- oder diejenige deutlich und gut verständlich lesen können. Lektoren tragen während des Gottesdienstes in der Regel ihre gewöhnliche Kleidung. In vielen Gemeinden gibt es eine Lektorengruppe. So können die einzelnen Lektoren die Gottesdienste eines Jahres untereinander aufteilen.

Ministranten/Messdiener: Eine wichtige Hilfe im Gottesdienst sind die Ministranten. Ministrant kommt vom lateinischen Wort ministrare und heißt übersetzt: dienen. In Nord- und Mitteldeutschland sagt man darum auch zu den Ministranten Messdiener.

Dieser Dienst, den Jungen und Mädchen leisten, besteht aus vielfältigen Aufgaben. Beim Einzug dürfen sie Kerzen oder das Vortragekreuz in die Kirche bringen. Sie halten bei den vorgeschriebenen Tagesgebeten das Messbuch für den Priester und bringen bei der Gabenbereitung Wasser, Wein, Kelch und Hostien zum Altar. Am meisten Freude aber haben die Jungen und Mädchen beim Läuten der Altarschellen oder beim Weihrauchfass-Schwingen. Begehrt ist auch das Sammeln. Dazu lassen die Ministranten Körbchen oder kleine Stoffbeutel durch die Bankreihen der Gemeinde gehen. Dort werfen die Gläubigen ihre Geldspende hinein. Wie der Priester tragen auch die Ministranten Gottesdienstkleidung. Das kann eine schlichte, fast bodenlange Kutte sein. Sie wird mit einer Kordel zusammengehalten. Es gibt aber

auch ein zwei- oder dreiteiliges Ministrantengewand. Über einem langen Untergewand, dem Ministrantenrock, wird ein weißes, nur bis zur Hüfte reichendes Chorhemd getragen. An der Kordelfarbe der Kutte oder am Ministrantenrock erkennt man übrigens genau, welches Fest gerade im Kirchenjahr gefeiert wird.

Da jeder Ministrant sich selbstständig anzieht, muss er ganz schön aufpassen, dass er die richtige Kordelfarbe aussucht. Sonst passiert es schon mal, dass er zum Umziehen geschickt wird. Wer im Gottesdienst mithelfen möchte, kann sich nach seiner Erstkommunion zum Ministranten ausbilden lassen. Ältere Jugendliche zeigen einem dann, was wann zu tun ist, und üben mit den „Neuen" schon mal an einem Samstagvormittag in der Kirche, wenn keine Gottesdienstbesucher da sind.

Mesner/Küster: Wer stellt eigentlich an Weihnachten den Weihnachtsbaum und die Krippe in der Kirche auf? Meist ist das der Küster oder die Küsterin. Der Name kommt aus dem Lateinischen und bedeutet: Wächter. Aus dem früheren Bewachen der Kirche gegen Feinde ist das Achtgeben geworden auf die Dinge, die sich in der Kirche befinden.

Der Küster pflegt die Gegenstände für den Gottesdienst, hält die Ministrantenkleidung in Ordnung und läutet die Kirchenglocken zu besonderen Gelegenheiten. Manchmal muss er sich auch um die Reinigung des Kirchenraumes oder den Blumen-

schmuck in der Kirche kümmern. Die Hauptaufgabe ist aber das Hüten des Gotteshauses, der Kirche. Weil Haushüter im Lateinischen mansionarius heißt, spricht man in Süddeutschland auch vom Mesner.

Der Organist begleitet die Messfeier auf der Orgel.

Organist: Pfarrer, Lektor und Ministranten, sie alle sieht man, wenn sie ihren Dienst in der Messe tun. Einen aber hört man nur: den Organisten. In vielen Kirchen befindet sich die Orgel über dem Eingang im hinteren Teil der Kirche. Als Kirchenmusiker begleitet er dort die Gemeinde beim Singen, spielt zum Ein- und Auszug oder bei bestimmten Teilen des Gottesdienstes.

In kleineren Gemeinden übernehmen diese musikalische Aufgabe Gemeindemitglieder. Manche Gemeinden aber haben eine richtige Arbeitsstelle für einen Organisten. Dann muss er nicht nur die Gottesdienste musikalisch begleiten, sondern zum Beispiel auch den Kirchenchor oder eine Kindermusikgruppe leiten.

DIE GEGENSTÄNDE IM GOTTESDIENST

Wird zu Hause ein Geburtstag gefeiert, soll es ein besonders schönes Fest werden. Dazu gibt es sicher etwas zu essen. Also wird der Tisch festlich gedeckt. Eine bunte Tischdecke und vielleicht auch Geschirr, das die Familie nicht alle Tage benutzt, werden aufgelegt.

So ist es auch, wenn wir in der Kirche Gottesdienst feiern. Alle Gemeindemitglieder sind eingeladen, mit Jesus ein Fest zu feiern. Für die gemeinsame Feier gibt es ein ganz besonderes „Geschirr". Natürlich handelt es sich dabei nicht um Teller und Tassen, sondern um Gegenstände, die nur im Gottesdienst verwendet werden. Auch werden in der Kirche nicht viele Tische aufgestellt. Der Altar ist der gemeinsame Tisch für alle. Hier werden Brot und Wein geweiht.

Messkännchen: Ministranten, die für den Altardienst eingeteilt sind, bringen zwei kleine Kännchen mit Wasser

und Wein. Der Wein erinnert daran, dass Jesus beim Letzten Abendmahl den Kelch mit Wein nahm und sprach: „Dies ist mein Blut. Nehmt und trinkt alle daraus."

Wein: Wer seinen Gästen eine Freude machen will, bietet etwas Gutes zum Trinken an. Im Gottesdienst ist der Wein mehr als nur ein Getränk. Er wird bei einem ausgewählten und dazu beauftragten Weinhändler gekauft. Jeder Messweinlieferant verpflichtet sich, nur reine Weine ohne schädliche Zusätze herzustellen. Beim Anbau der Reben achtet er darauf, dass die Umwelt keinen Schaden nimmt. Es gibt rote oder weiße Messweine, am häufigsten wird bei uns weißer Wein verwendet.

Kelch: Der auffälligste Gegenstand am Altar ist der Kelch. Glänzendes

Wenn man genau hinsieht, erkennt man auf diesem Foto zwei Gegenstände, die auf den Anlass des festlichen Gottesdienstes hinweisen.

Bild oben rechts: Der Priester hält den Kelch in die Höhe.

Gold oder Silber zeigen, wie wichtig und wertvoll dessen Inhalt für uns Gläubige ist. Meist hat der Kelch einen Standfuß mit einem halbkugelförmigen Becher. Von der Form her sieht er aus wie ein normales Weinglas. Das edle Metall aber und die reiche Verzierung des Fußes oder des Bechers machen jeden Kelch zu einem besonderen Gegenstand.

Viele Priester kaufen sich einen eigenen Kelch. Dazu gehen sie in Geschäfte, die nur Gegenstände für den Gottesdienst oder für die Ausstattung von Kirchen anbieten. Alle Kelche, die für die Liturgie bestimmt sind, werden vom Bischof in einer feierlichen Zeremonie geweiht. Damit ist ihre Verwendung einzig und allein für die Messfeier festgelegt.

Patene: Das Wort Patene kommt aus dem Griechischen und bedeutet Schüssel. Sie ist heute ein meist vergoldeter, flacher Teller auf dem die Hostie für den Priester liegt.

Hostienschale: Bei der Gabenbereitung werden neben dem Wein auch die Hostien für die Gläubigen zum Altar gebracht. Sie liegen in einer kleinen goldenen Schale bereit. Auch die Hostienschale ist aus wertvollem Edelmetall wie Gold oder Silber. Sie kann glatt poliert sein und glänzend,

oder reich verziert mit Symbolen aus unserem Glauben.

Hostien: Wer vor Weihnachten Plätzchen bäckt, braucht zum Beispiel für Kokosmakronen kleine, weiße Oblaten. So ähnlich sehen im Gottesdienst die Hostien aus. Hostie ist ein lateinisches Wort und bedeutet Schlachtopfer. Natürlich wird im Gottesdienst kein Opfertier geschlachtet. Bis zur Zeit Jesu wurden Tiere, meist Lämmer, geschlachtet, um Gott zu ehren. Die Christen bringen stattdessen Brot und Wein zum Altar.
Unsere heutigen Hostien werden in Klöstern ausschließlich aus reinem Weizenmehl gebacken. Dazu kommt natürliches Wasser. Weder Salz noch Gewürze oder Hefe sind erlaubt. Die kleinen Oblaten bleiben ohne Aufdruck oder tragen christliche Symbole wie das Lamm, das Kreuz oder den Fisch.
Für den Priester gibt es Hostien, die etwas größer sind als diejenigen, die an die Gemeinde ausgeteilt werden. Das hat damit zu tun, dass der Priester bei der Wandlung seine Hostie der Gemeinde zeigt. Wäre diese zu klein, würde sie niemand in den letzten Reihen sehen. Danach teilt er aber die große Hostie und gibt sie an die Gläubigen weiter.

So sehen die Hostien aus.

Während der Messe hält der Priester die Hostie in die Höhe: „Dies ist mein Leib ...". Brot und Wein werden in der Wandlung zu Fleisch und Blut Christi: Jesus hat sich selbst als Opfer hingegeben, um uns Menschen von Schuld und Sünde zu erlösen.

Korporale: Bevor der Priester Brot und Wein auf den Altar stellt, breitet er ein viereckiges Tuch aus. Dieses weiße Tuch ist wie eine Tischdecke. Kelch und Hostienschale sind darauf geschützt und nichts kann verloren gehen, wenn etwa eine der Hostien herunterfallen würde.

Monstranz: Das ist ein lateinischer Begriff und bedeutet übersetzt: zeigen. Die Monstranz ist also ein Zeigegerät für eine geweihte Hostie. Zum Einsatz kommt die Monstranz beim Fronleichnamsfest oder beim Wettersegen in den Sommermonaten.

MONSTRANZ

- In das Schaugehäuse, das sich öffnen lässt, wird die Hostie eingelegt, und kann so gut durch die Glasscheiben gesehen werden.
- Hier ist der Schaft mit dem Tragknauf.
- Dies ist der Fuß, auf dem die Monstranz steht.
- · Als Material für die Monstranz wird Gold oder Silber verwendet.
- · Die meisten Monstranzen sind 40 bis 80 cm hoch.

Liturgische Bücher: Im Gottesdienst spricht der Priester zur Gemeinde, aber auch im Namen der Gemeinde zu Gott. Persönliche Worte stehen meist am Anfang und am Ende der Feier. An bestimmten Stellen in der Liturgie verwendet er aber einheitliche Texte. Das erleichtert es allen Gottesdienstbesuchern, voll und ganz mit zu feiern. Diese Texte, die man mit der Zeit auswendig kennt, sind in den liturgischen Büchern enthalten. Dazu gehört zum Beispiel das Messbuch. Hierin findet der Priester alle bei der Messe vorgeschriebenen Texte. Um bestimmte Aussagen besonders feierlich zu gestalten, werden diese nicht gesprochen sondern gesungen. Diese sind daher auch mit Noten abgedruckt.

Lektionar: Das lateinisches Wort heißt auf deutsch: „Lesebuch". Das im Gottesdienst verwendete Lektionar enthält verschiedene Texte aus der Bibel. Da wird zum Beispiel aus dem Alten Testament von König David und Goliat oder Mose und der Flucht aus Ägypten erzählt. Aber auch Geschichten aus dem Neuen Testament, wie die von den beiden Apostel Petrus und Paulus sind darin zu finden. Nach ihren Missionsreisen schrieben die Apostel Briefe an die von ihnen gegründeten Gemeinden und gaben ihnen wertvolle Ratschläge. In der Lesung wird uns davon erzählt. Dies übernimmt der Lektor oder die Lektorin. Lektoren sind eigens ausgebildete Vorleser.

Altarschellen: Neben der Orgel und anderen Musikinstrumenten spielen

Glocken im Gottesdienst eine wichtige Rolle. Schon zu Beginn wird den Anwesenden mit Hilfe der Sakristeiglocke der Einzug des Priesters, der das Evangelien-Buch trägt, und der Ministranten angekündigt.

Ertönt die Glocke, stehen alle auf, um die Einziehenden zu begrüßen. Später kündigen die Altarschellen die Einsetzungsworte an. Altarschellen sind meist vier zusammengeschweißte Einzelglocken, die durch Schütteln gleichzeitig angeschlagen werden. Dabei müssen sich die Ministranten gut konzentrieren, damit sie ihren Einsatz nicht verpassen.

Weihrauch: Im Gottesdienst gibt es nicht nur etwas zu sehen, zu hören, zu sprechen und zu singen. Auch unsere Nasen sind beteiligt, wenn duftender Weihrauch durch das Gotteshaus zieht. Weihrauch ist ein Harz, das aus Baumrinde gewonnen und getrocknet wird. Werden diese kleinen Körnchen verbrannt, entsteht der typische, süße Duft.

Dazu nimmt man Kohle, glüht sie in einem Metallgefäß an und streut einzelne Weihrauchkörnchen darauf. Wird nun dieses Weihrauchfass schwungvoll hin und hergeschwenkt, trägt der entstehende Rauch den Duft in die ganze Kirche. Eifrige Ministranten übertreiben dabei manchmal und

räuchern die ersten Bankreihen ein. Die meisten Menschen riechen Weihrauch gerne, aber nicht alle vertragen ihn.

Klingelbeutel: Schon bei den ersten Gottesdiensten begannen Gemeindemitglieder Brot, Wein und andere Lebensmittel in die Kirche mitzubringen. Die gesammelten Spenden wurden an die Armen der Gemeinde verteilt.

Bis heute hat sich dieser Brauch in der so genannten Kollekte erhalten. Kollekte kommt vom lateinischen Wort colligere, das übersetzt „aufsammeln" heißt. Heute werden keine Lebensmittel mehr gesammelt. Die Gottesdienstbesucher werfen Geld in einen kleinen Korb oder in einen Stoffbeutel. Daran befinden sich manchmal kleine Schellen, die beim Weitergeben durch die Bankreihen anschlagen und klingeln. So entstand der Name Klingelbeutel. Das gesammelte Geld wird für die Kirche am Ort oder für die Kirche in den armen Ländern verwendet.

Ob Korb oder Klingelbeutel: es wird für einen guten Zweck gesammelt.

DER KIRCHENRAUM

Jede Kirche sieht anders aus. Ein besonders hoher Kirchturm, ein Rundbau oder ein auffälliger Anstrich geben ihr ein eigenes Gesicht. So erzählt jede Kirche bereits durch ihr Äußeres eine Geschichte über ihre Entstehungszeit und ihre Verwendung. Welche Baustile es dabei gibt, zeigt die Infoleiste in diesem Kapitel.

Wenn man eine Kirche zum ersten Mal betritt, ist das immer spannend. Schwer und groß öffnen sich die Eingangstüren, um uns in einen weiten Raum einzulassen. Meist befindet sich das Eingangsportal im hinteren Teil des Gebäudes. Nicht selten fällt dabei bereits nach wenigen Schritten der Blick nach vorne auf den Altar.

Das Kirchenschiff von Himmelkron.

Besonders in älteren Kirchen war dies vom Erbauer so gewollt. Wer eintritt, ist noch weit entfernt vom Altar und muss erst darauf zugehen. Wer sich auskennt, weiß, dass der Altar ein Zeichen für Jesus ist. Nach dem Eintreten in die Kirche gehen wir also auf Jesus zu.

Viele Kirchen haben einen auffälligen Grundriss. Könnten wir das Kirchengebäude aus der Vogelperspektive sehen, würde uns seine besondere Form auffallen. Der langgestreckte Mittelteil (Mittelschiff oder Langhaus) wird durch einen kürzeren Querbau gekreuzt. Daran schließt sich noch, in der Verlängerung des Langbaus, ein halbrunder Bau (Apsis) an. Durch diese Anordnung entsteht ein Kreuz. Jesus ist für uns am Kreuz gestorben. Der Grundriss erzählt uns davon. So können Steine sprechen und von den Inhalten unseres Glaubens erzählen.

Ganz deutlich wird das in älteren Kirchen, die im Langhaus oder im vorderen Teil der Kirche, im Chorraum, genau zwölf Säulen haben. Die Zahl Zwölf erinnert daran, dass Jesus zwölf Apostel hatte. Sie haben ihn begleitet und nach seinem Tod die Frohe Botschaft in die Welt getragen. In vielen modernen Kirchen gibt es heute keine Säulen mehr. Aber wer genau hinschaut, wird an den Wänden des Hauptschiffes zwölf Kerzenleuchter finden.

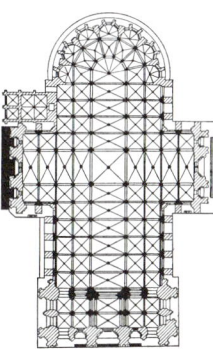

Der Dom in Köln: Man erkennt im Grundriss ein Kreuz.

EWIGES LICHT

Ganz in der Nähe des Tabernakels sieht man eine brennende Kerze in einem roten Glas oder ein elektrisches, rotes Licht. Es heißt Ewiges Licht und brennt immer.

Gott hat zu Mose im brennenden Dornbusch gesagt, dass er derjenige ist, der immer für sein Volk da ist. So wie das Licht ewig brennt, ist Jesus immer für uns in der Kirche da.

AMBO

Hier wird das Wort Gottes verkündet: das bedeutet, die Lesungen und die Fürbitten oder die Predigt werden hier vorgetragen. Früher sind Priester und Lektor dazu auf einen erhöhten Ort in der Kirche hinaufgestiegen. Auf Griechisch heißt "hinaufsteigen" anabeinein. Daraus hat sich das Wort Ambo entwickelt.

Ambo als ein hervorgehobener Ort, ist heute meist ein hölzernes Lesepult, das seitlich vor dem Altar aufgestellt ist.

RELIQUIEN

In jedem Altar befinden sich Reliquien. Dieses lateinische Wort bedeutet "Zurücklassen" und meint Kleidungsstücke oder Knochenreste, die von heiligen Menschen auf der Erde übrig blieben.

Das klingt vielleicht ein wenig gruselig, lässt sich aber gut verstehen, wenn man überlegt, warum die Menschen Reliquien in ihrer Kirche haben wollten. Bereits die ersten Gottesdienste fanden über oder in der Nähe von Gräbern heiliger Menschen statt. Heilige sind ganz besondere Menschen. Von ihnen glaubt man, dass sie sofort nach ihrem Tod zu Gott in den Himmel kommen. Diesen Menschen will man ganz nah sein, und so auch dem Himmel ganz nahe.